Renate Sültz & Uwe H. Sültz

STOPP - MIT MIR NICHT - Der Enkeltrick und das JA am Telefon

BoD- Books on Demand

Norderstedt 2017

Bibliografische Information durch die Deutsche Nationalbibliothek

Die Deutsche Nationalbibliothek verzeichnet diese Publikation in der Deutschen Nationalbibliografie; detaillierte bibliografische Daten sind im Internet über http://dnb.dnb.de abrufbar.

© 2017 Renate Sültz & Uwe H. Sültz

Herstellung und Verlag:

BoD – Books on Demand, Norderstedt

ISBN 9-78374-3-17287-6

WARNUNG! Dieses kleine Büchlein soll dazu beitragen, gerade die älteren Herrschaften unter uns, aber auch alle Verwandten, Bekannten und Freunde, vor der Masche des Enkeltricks zu warnen. Ebenso warnen wir vor dem „JA"- sagen am Telefon.

Die Gutherzigkeit Enkeln, Kindern, Neffen…, aus der Patsche zu helfen, wird hinterlistig ausgenutzt. Die Opfer sind hilflos und können sich dieser negativen Herausforderung kaum stellen, oft mit existenziellen Folgen. Die Masche ist gut vorbereitet, es wird psychischer Druck aufgebaut, mit wenig Zeit zum Handeln. Wer dann auch noch hilfebedürftig, schwerbehindert oder dement ist, wer Probleme beim Hören oder Sehen hat, ist den Ganoven völlig unterlegen. Ein Leben lang hart gearbeitet und gespart, so manches Sonderangebot nutzen müssen, und nun ist alles weg. Jetzt amüsiert sich

irgendjemand mit einem tollen Wagen und verschwenderischem Leben mit dem ergaunerten Geld.

Lesen Sie selbst dieses Büchlein, es ist bewusst größer für Senioren geschrieben. Oder klären Sie Mutter, Vater, Tante, Onkel oder Menschen, die Ihnen am Herzen liegen, vor dieser Masche auf.

Warum haben wir dieses Büchlein überhaupt geschrieben? Im Internet findet man warnende Informationen von der Polizei, die auch hier mit eingebracht sind, und weitere Beiträge. Im TV wird auch davon berichtet. Nun halten Sie etwas Greifbares in den Händen und werden daran erinnert.

„Aus den Augen, aus dem Sinn" oder „Mir kann das nicht passieren" gilt nicht. Dieses Büchlein ist so kostengünstig hergestellt, wie es nur geht!

WER IST BETROFFEN?

Wir alle werden immer älter. Das ist schön! Aber es kommen auch Faktoren zum Leben, die wir mit 20 nicht kannten. Schwerhörigkeit, unscharfes Sehen und Erinnerungsverlust werden schamlos ausgenutzt. Auch, dass die Familie weniger Zeit hat und weit verstreut lebt, sowie die Anonymität in der Nachbarschaft, sind von Vorteil für diese Machenschaften. Es sind also die Senioren unter uns.

Hinzu kommen die typischen Namen dieser Zeit, etwa Alfred, Heinrich, Gertrud, Inge, Margret, usw.! Aus dem Telefonbuch werden diese Namen gezielt gesucht und gefunden.

WER RUFT AN?

Auf der ganzen Welt gibt es nun einmal solche und solche Menschen. Die Mehrheit meint es gut, andere wollen nur auf Kosten anderer leben. Auf jeden Fall ist es nicht der liebe Enkel, Neffe usw., es ist ein negativ denkender Mensch, der nur Ihr Geld will. Dieser hat sich aber bestens darauf vorbereitet, wie er an Ihr Geld herankommt.

So schlecht können Sie gar nicht denken, sollen Sie auch nicht, aber Sie müssen von dieser Masche wissen und aufgeklärt werden.

WAS HÖRE ICH ALS OPFER AM TELEFON?

Die Stimme kann undeutlich sein.

Die Stimme kann verstellt sein.

Um Vertrauen zu gewinnen, werden Sie mit einem DU angesprochen.

„Rate, wer hier spricht?"

„Hast du mich erkannt?"

„Du rätst nie, wer ich bin?"

SAGE ICH ALS OPFER NUN EINEN NAMEN, SO HABE ICH SCHON VERLOREN! Wer etwas von Ihnen will, hat zu Beginn des Telefongesprächs seinen Namen zu nennen!

Es wird um Geld gebeten, eher gefordert, da sich die Enkelin/der Enkel in einer Notlage befinden soll, angeblich!

Es kann auch der günstige Autokauf sein.

Es kann ein Unfall sein.

Es kann am Urlaubsort ein Raub oder ein Gefängnisaufenthalt für zu schnelles Autofahren sein.

Der negativen Fantasie sind keine Grenzen gesetzt.

BEKOMME ICH MITLEID, SO HABE ICH VERLOREN! Jeder Enkel wird Verständnis haben, wenn Sie in der Familie nachfragen.

Der Druck wird erhöht, ein Zeitfenster wird geöffnet.

„In 20 Minuten holt meine Freundin das Geld bei dir ab!"

„Ich schicke jetzt ein Taxi, dann kannst du mit meiner Freundin gemeinsam zur Bank fahren!"

BIN ICH ERST IN DEN FÄNGEN DER GANOVEN, KANN ICH IMMER NOCH IN DER BANK HILFE SUCHEN! SCHÄMEN SIE SICH NICHT!

Zweifele ich den Anruf an, folgen Anrufe in kurzen Abständen. So haben Sie als Opfer wenig Zeit, keinen Spielraum und können keinen klaren Gedanken fassen, sowie in der Eile nicht telefonieren.

WARUM GERADE ICH?

Weil ich Gertrud, Anna, Erna, August, Alfred oder Josef heiße. Es wird gezielt in den Telefonbüchern nach Namen der älteren Generation gesucht.

WAS IST ZU TUN?

Nach einem Anruf sofort nach Unterstützung und Hilfe suchen. Solange alles in Ihrer Erinnerung ist, schnell alles notieren. In diesem Büchlein haben Sie am Ende genug freie Seiten dazu. Beim Nachbarn oder in der Familie sofort nachfragen, ob das alles so stimmt, was die Anruferin/der Anrufer gesagt hat.

NIE ALLEIN WEITER HANDELN! NICHT DIE TÜR ÖFFNEN! Zögern Sie nicht und rufen Sie die Polizei 110.

Ist es fast zu spät und Ihnen geht erst in der Bank/Sparkasse ein Licht auf, so suchen Sie Hilfe dort. Man soll die Polizei verständigen. Gehen Sie nicht an den Geldautomat, sondern gehen Sie an den Schalter.

Schämen Sie sich nicht, rufen Sie nach Hilfe!

WAS KANN ICH ALS TOCHTER, SOHN, FREUND, ANGEHÖRIGER... TUN?

In einer Familie ist der regelmäßige Kontakt das Wichtigste überhaupt. Tauschen Sie sich aus, über Neuigkeiten, Familiensachen oder ungewöhnliche Ereignisse. Schreiben Sie Telefonnummern groß auf. Sorgen Sie für weitere Ansprechpartner in der Familie oder der Nachbarschaft.

Muss der Telefonbucheintrag überhaupt sein?

Denken Sie über eine Geheimnummer nach?

Denken Sie bei einem Handy an extra große Tasten.

Sprechen Sie über die Anrufmöglichkeit bei der Polizei 110.

Was rät Kommissar Hans Schemberg:

„Wenn jemand Sie nach dem Anrufernamen raten lässt, ist das schon verdächtig, legen Sie auf!

Will jemand Geld von Ihnen, legen Sie auf!

Rufen Sie nach dem eigenartigen Anruf einen Verwandten an, der Sie aufklären soll oder Ihnen hilft!

Sie können jederzeit bei der Polizei um Hilfe bitten!

Schämen Sie sich nicht, noch ist der Fehler nicht gemacht!

Sind Sie auf diese Masche hereingefallen, schämen Sie sich erst Recht nicht. Die Bande muss Dingfest gemacht werden. Helfen Sie uns und anderen mit Ihrer Aussage und Anzeige!"

Ihr Hans Schemberg

WAS HAT ES MIT DER TELEFONMASCHE „JA GESAGT AM TELEFON" AUF SICH?

Früher war es gang und gebe, wenn das Telefon schellte, dass man sich mit Namen meldete. Die Anruferzahl in den 1960'er Jahren war begrenzt, also kein Problem. Dann gab es auch das „JA?" oder „JA BITTE?". Einige hielten es für unhöflich. UND HEUTE?

Eine neue Betrugsmasche ist es, dem Angerufenen ein „JA" abzuringen. Das kann ganz harmlos klingen, könnte aber eine große Auswirkung haben. Wir sprechen jetzt natürlich von Anrufern, die wir nicht kennen.

„Ist das Wetter auch so schön bei Ihnen?" „JA"

„Können Sie mich gut verstehen?" „JA"

„Geht es Ihnen gut?" „JA"

Was hat dieses einen Fremden zu interessieren?

Nun, er schneidet dieses JA in eine ganz andere Frage ein. Wir erinnern uns alle an die Tonbandzeit und das Zusammenschneiden von Bändern. Das geht heute elektronisch. Jetzt könnte das Resultat lauten, das Sie aber nicht hören:

„Wollen Sie diese Bestellung nun abschließen?" „JA"

Hätte man Sie gefragt, dann gäbe es ein „NEIN".

Erhalten Sie danach Post mit einer Geld-Forderung, gehen Sie zur Polizei und erstatten Anzeige. Reagieren Sie nicht und erhalten irgendwann einen Brief vom Gericht, dann müssen Sie dringend widerrufen und erst Recht zur Polizei gehen.

Schämen Sie sich niemals, es kann jeden treffen!

Kommissar Hans Schemberg dazu:

„Und denken Sie daran, Sie benötigen vielleicht einmal Hilfe, weil es allein nicht mehr geht. Dafür haben Sie gespart. Nicht etwa dafür, dass ein Ganove auf Ihre Kosten mit einem tollen Sportwagen herum fährt und das Leben genießt! Es ist Ihr Erspartes!"

Es folgen nun 4 ENKELTRICK-Fallbeispiele. Danach leere Seiten, für eventuelle mysteriöse Anrufe.

§

Fall 1:

Frau Gertrud K. ist eine lustige und lebensbejahende Frau. Nachdem ihre Kinder eine sehr gute Ausbildung erhalten haben, zog es Tochter Angelika in den Norden Deutschlands und Sohn Jens in den Süden. Früher lebten Familien näher beieinander, sogar unter einem Dach. Die Welt war viel größer.

Aber durch die Ausbildungen der Kinder wurden eben nur in Hamburg und München entsprechende Jobs angeboten. Gertrud K. blieb in ihrem Haus in der Eifel. Am Anfang waren da noch ihre Bridge-Freundinnen, die zukünftige Einsamkeit viel noch nicht auf. Zweimal im Jahr treffen sich alle Familienmitglieder bei Gertrud, Weihnachten und der Geburtstag im Juli. Die Zeit verging, Enkelkinder hat Gertrud mittlerweile vier, die Bridge-Freundinnen sind leider gestorben, Gertrud wurde krank. Am Telefon sagt Gertrud immer zu den Kindern, dass alles soweit in Ordnung sei. Aber innerlich wünscht sie sich doch mehr Kontakt zu ihren Kindern und Enkeln. Gertrud K. ist nun 81 Jahre. Da sie eine gute Rente hat, kann sie das Haus immer noch halten. Entweder soll es vererbt werden oder es dient ihrer Versorgung in einem Heim. Gertrud möchte es unbedingt vererben, hier sind die Erinnerungen an ihren längst verstorbenen Ehemann August, die Kinder, die im Haus geboren wurden, bis zum Ableben ihres Mannes. In den Zeiten des Internets und des Handys hat Gertrud immer noch ein normales Telefon und ihre Nummer ist im Telefonbuch zu finden. „Mein Telefon hat noch eine Schnur.", sagt sie immer.

Dann kam eines Tages ein Anruf: „Ach, ich bin so froh dass ich dich erreiche!", ertönte es etwas undeutlich im Hörer, was natürlich Absicht war. „Ich kann dich schlecht hören, wer ist denn da?", fragte Gertrud. „Aber erkennst du mich denn nicht, es war doch so lustig beim letzte Treffen." „Anja, bist du das?" „Natürlich, ich bin Anja. Ich bin so froh, dass ich dich habe. Die anderen erreiche ich nicht. Ich bin im Urlaub und zu schnell gefahren. Jetzt hält mich die Kripo fest. Wenn ich ihnen 5000 Euro Kaution gebe, dann lassen sie mich frei. Hilf mir, ich will nicht mit Männern ins Gefängnis." „Oh mein Gott, bei der Kripo, oh mein Gott, du armes Kind. Ich will gleich deinen Vater anrufen." „Nein, der ist nicht da. Ich brauche jetzt sofort das Geld, sonst nehmen die mich hier auseinander. Gehe jetzt sofort zur Bank und hole das Geld. Meine Schulfreundin holt es in einer Stunde bei dir ab. Geh' jetzt los, die tun mir hier sonst etwas.", so die Telefonstimme.

Gertrud K. ging zur Bank und orderte 5000 Euro. In dieser kleinen Stadt in der Eifel kennt jeder jeden. Der Zufall war es dann, dass Gertrud am Schalter von Vera bedient wurde. Vera war eine echte Schulfreundin von Anja. „Geht es auf eine Weltreise, Frau K.?", fragte Vera. „Nein, Anja hat Schwierigkeiten im Urlaub, sie sitzt bei der Kripo fest.", flüsterte Gertrud. Sie nimmt das Geld und geht. „Darf ich einmal in Facebook?", fragte Vera den Filialleiter. „Natürlich, haben sie einen Verdacht?" „Ja, einen schlimmen!" Vera öffnete Facebook und hatte sofort Kontakt zu ihrer ehemaligen Schulfreundin. „Wo bist du?", fragte Vera. „Ich büffele für die Klausur. Das ist ja eine Überraschung.", schrieb Anja. Sofort griff Vera zum Telefon und rief die Polizei. Die Polizei-Beamten verteilten sich um Gertruds Wohnung herum. In der Zwischenzeit klärte Vera ihre Schulfreundin auf. Die Polizei griff zu. Heute hält die Familie ständigen Kontakt zu Gertrud.

§

Fall 2:

Irmgard F. geht jeden Morgen zum Bäcker und gönnt sich eine Tasse guten Kaffee und ein Marmeladenbrötchen. Gern Erdbeermarmelade, aber es geht auch Aprikose. Den Anruf, den sie vor 3 Wochen entgegennahm ist längst vergessen. Ein junger Mann meldete sich bei ihr, um einen Kontakt zwischen sich und Irmgards Enkel aufzufrischen: „Hallo, hier ist Tobias." Irmgard fragte: „Welcher Tobias, ich kenne keinen Tobias?" „Doch, bestimmt von früher, Ihr Enkel ist ein guter Freund von mir." „Mein Enkel? Ich habe keinen Enkel, ich habe eine Enkelin, die Sarah." "Ja, sagte ich doch, Ihre Enkelin Sarah. Wie geht es ihr? Ich bin bald wieder in der Heimat und wollte sie treffen." "Die Sarah, nein, sie lebt schon lange in Nürnberg und studiert dort, ich habe das Mädchen schon seit 3 Jahren nicht gesehen. Ich bin ganz traurig darüber." "Tja, dann, nichts für ungut."

3 Wochen später, das Telefon schellte. Irmgard F. hob ab. "Oma, Oma! Hier ist Sarah. Ich bin auf dem Weg zu Dir. Ich habe alles bestanden. Jetzt bin ich ganz nah bei Dir und freue mich, Dich umarmen zu können. Oma hilf mir bitte. Mein Auto hat einen Motorschaden bekommen, nur 5 Kilometer von Dir entfernt. Leih' mir bitte 12000 Euro, ich gebe es Dir Montag zurück. Hier ist ein kleiner Audi, der Händler gibt mir noch 800 Euro für meine alte Gurke. Oma, holst Du bitte das Geld? Ich hole es in 30 Minuten ab, danach fahren wir spazieren.

Bis gleich." „Ach Kind, erstmal herzlichen Glückwunsch zum Erfolgreichen Studium. Ich gebe die Hälfte zum neuen Auto. Hoffentlich schaffe ich den Weg in 30 Minuten?" „Ach Oma, ich warte dann vor der Tür."

Der Bankangestellten kam bei dieser Summe und der fröhlichen Irmgard F. nichts Verdächtiges vor. Gerade weil Frau F. so von ihrer Enkelin und dem bestandenen Studium schwärmte. Schnell ging sie zu ihrer Wohnung zurück. Dort stand auch schon ein junger Mann, der sie erwartete: „Da bin ich aber froh, dass Sie endlich kommen, Frau F.! Ich bin den Weg zu Fuß gekommen, Ihre Enkelin wartet beim Autohändler. Ich bin übrigens Sarahs Verlobter, damit wollte Ihre Enkelin Sie auch überraschen." Die Geldübergabe fand statt. Der junge Mann ging, aber die angebliche Enkelin kam an diesem Tag natürlich nicht. 12000 Euro, die für die Zukunft von Frau Irmgard F. sehr wichtig gewesen wären, sind nun weg.

§

Fall 3:

Paul L. ist 83 Jahre. Ein Leben lang war er fleißig im Bergbau. Sein Arbeitsgerät ist ein riesiger und lauter Bohrhammer gewesen. Bereits während der Berufszeit litt sein Hörvermögen, heute ist er fast taub. Geheiratet hat Paul L. nie, somit keine Kinder, keine Enkel. Er gönnte sich bislang jedes Jahr eine Reise. Sein Hobby ist das Fotografieren, auch mit 83 Jahren besitzt er eine wertvolle Fotoausrüstung mit 3 Spiegelreflexkameras, digital natürlich, die analogen stehen in der Vitrine im Arbeitszimmer. Dort steht sein komplettes Equipment.

Am 5. Oktober klingelte sein Telefon: „Ja bitte?" „Ha, ha, Du rätst nie wer hier spricht?" „Hallo? Wer ist denn dort? Ich kann schlecht hören." „Hier ist Dein Enkel!" „Bitte wer? Mein Enkel? Nein, einen Enkel habe ich nicht." „Nein, Dein Freund aus alten Zeiten." „Heinrich? Bist Du das etwa?" „Ja, richtig, gut geraten, hier ist Heinrich." „Mensch, wie lange ist das her? Bestimmt fast 20 Jahre." „Bestimmt Paul, bestimmt. Ich bin in Deiner Stadt und sitze hier im Laden für Hörgeräte. Tue mir doch bitte den Gefallen und leihe mir 500 Euro. Dienstag bringe ich sie Dir zurück. Wir kennen uns doch schon so lange." „Das geht in Ordnung, Heinrich. Aber wie soll..." Paul wurde unterbrochen. „Paul, ich schicke Dir meinen Enkel vorbei. Er ist in 5 Minuten bei Dir." „Ach so, deshalb hast Du nach dem Enkel gefragt, Du meintest Deinen. Geht in Ordnung."

Nach 5 Minuten schellte es an der Haustür. „Hallo, ich bin Julian. Mein Opa schickt mich." „Ja, ich weiß, komm' herein mein Junge." „Ich bin so gelaufen, Opa sitzt im Geschäft. Haben Sie ein Glas Wasser für mich?" Beide gingen in die Küche. Julian, zumindest nannte er sich so, klebte unbemerkt seinen Kaugummi an die Schlossfalle des Türschlosses. In der Küche gab es etwas zu Trinken. „Wie lange kennen Sie meinen Opa schon?" Ein Gespräch begann.

In der Zwischenzeit gingen 2 Männer unbemerkt in die Wohnung und räumten im Schlafzimmer und im Arbeitszimmer alles ab. Sie fühlten sich sehr sicher, denn Julian sprach sehr laut mit Paul L. und hielt ihn mit dem Gespräch in der Küche fest. Dann hörte Julian einen Pfiff, das war das Signal seiner Kumpane, dass sie fertig waren. Julian nahm noch die 500 Euro und verließ schnell die Wohnung.

Der Schock war für Paul L. groß, als er die Bescherung sah. Es fehlten 43000 Euro und seine komplette Fotoausrüstung im Wert von fast 8000 Euro. Nun bleiben ihm nur die in der Vitrine liegenden alten Kameras, die heute nicht mehr zu gebrauchen sind.

§

Fall 4:

Gisela G. freute sich gerade über ihre Blumen auf dem Balkon, als das Telefon schellte. „Müller" „Überraschung! Wer spricht mit Dir, rate mal?" „Ach, das weiß ich doch nicht, wer ist da?" „Na, so viele Enkel hast Du doch gar nicht. Rate nochmal?" „Ach Lisa... bist Du das?" „Ja, Oma. Ich wollte Dich überraschen. Ich bin gleich bei Dir." „Das ist ja eine Überraschung. Ich setze schon den Kaffee auf." „Warte Oma, ich bin hier jemanden in den Wagen gefahren. Er will die Polizei holen. Für 1000 Euro will er es unter der Hand machen. Oma, leihe mir bitte das Geld." „Kind, ich habe nur 300 Euro im Haus. Was mache ich denn da?" „Oma, ich schicke Dir meinen Freund, er kommt mit dem Taxi und dann fahrt ihr zur Bank. Bis gleich!" „Kind, nun warte mal…" Aufgelegt. Das Taxi kam. Gisela G. hatte keine Chance mit irgendjemanden zu sprechen. Ein junger Mann, recht wortkarg, holte Gisela G. ab. Beide gingen zum Geldautomaten. Gisela G. war schon sehr vorsichtig, denn sie hielt ihre Tasche mit Haustürschlüsseln und Portemonnaie eng bei sich. Die 2 Typen, die ohne Taxi bereits vor der Haustür warteten, um den Wohnungsschlüssel entgegen zu nehmen, warteten vergebens. 700 Euro holte Gisela ab. 300 Euro warteten im Portemonnaie. Sie übergab die 1000 Euro. Leider bemerkte sie nicht die Fingerfertigkeit des jungen Mannes. Er stahl die Bankkarte, legte das Portemonnaie wieder in die Tasche. Auch schielte er auf das Eingabefeld am Geldautomaten. Bevor Gisela G. den Verlust bemerkte, fehlten 4536,65 Euro.

Die echte Lisa kam 2 Wochen später zum Kaffee. Das Geld hatte jetzt natürlich andere Besitzer, leider.

Danke für Ihr Interesse. Wir wünschen Ihnen alles Gute für die Zukunft. Und bitte, schämen Sie sich nicht, wenn etwas passiert ist. Sprechen Sie mit Ihrer Familie oder der Polizei 110.

Renate Sültz & Uwe H. Sültz

Tragen Sie hier eigenartige Anrufe ein. An welchem Datum und um welche Uhrzeit fand der Anruf statt? Was wollte der Anrufer von Ihnen? Zeigen Sie diesen Eintrag Ihrer Familie oder der Polizei:

Tragen Sie hier eigenartige Anrufe ein.
An welchem Datum und um welche
Uhrzeit fand der Anruf statt?
Was wollte der Anrufer von Ihnen?
Zeigen Sie diesen Eintrag Ihrer Familie
oder der Polizei:

**Tragen Sie hier eigenartige Anrufe ein.
An welchem Datum und um welche
Uhrzeit fand der Anruf statt?
Was wollte der Anrufer von Ihnen?
Zeigen Sie diesen Eintrag Ihrer Familie
oder der Polizei:**

Tragen Sie hier eigenartige Anrufe ein. An welchem Datum und um welche Uhrzeit fand der Anruf statt? Was wollte der Anrufer von Ihnen? Zeigen Sie diesen Eintrag Ihrer Familie oder der Polizei: